LES COSAQUES

PONTIFICAUX

IMPRIMÉ PAR CHARLES NOBLET, RUE SOUFFLOT, 18

LES COSAQUES

PONTIFICAUX

PAR

ANTONIO WATRIPON

PRIX : 1 FRANC

PARIS

LIBRAIRIE MODERNE

19, BOULEVARD SÉBASTOPOL (RIVE GAUCHE)

GUSTAVE HAVARD, ÉDITEUR

1861

LES COSAQUES

PONTIFICAUX

I.

Hurrah! voici venir un messager de sinistre présage!...
Il s'annonce comme l'avant-garde d'un second Waterloo...
Laissez passer le Cosaque du catholicisme!...

Ce n'est pas nous qui l'appelons ainsi; c'est monseigneur l'Évêque d'Annecy (*Lettre* du 15 novembre 1852) : « Il (M. Veuillot) *a la rude lance du Cosaque*, tandis que M. de Montalembert a la brillante épée du soldat de la *haute civilisation...* »

De sorte que M. de Montalembert personnifierait la haute civilisation, tandis que M. Veuillot ne représenterait que la barbarie... Voilà qui est flatteur de la part d'un évêque!...

Fier d'une telle appréciation, notre Cosaque brandit sa lance ni plus ni moins que le sombre cavalier de l'Apocalypse et cherche à semer la peur autour de lui. Avec la peur on ensegrète les gens hallucinés!... La peur est toujours le grand moyen des tireurs d'horoscope et des augures!...

De tout temps Rome a eu des augures, Rome chrétienne

aussi bien que Rome païenne. **M. Louis Veuillot**, qui est allé à Rome, en a profité pour passer maître dans la science augurale ; il participe, par grâce d'État, de l'infaillibilité papale. Il explique les signes célestes, prédit les vengeances d'en haut, ouvre les entrailles des victimes, lit dans leur sein palpitant. Mais, avant de sacrifier un coq à son Esculape, par manière de résignation, il prophétise que, si d'ici à quarante jours le gouvernement de Ninive ne se convertit pas à sa politique, qui est la bonne, Ninive sera détruite.

En attendant l'accomplissement de cette prophétie, nous nous trouvons en présence d'une réalité. Cette réalité, c'est le spectacle de la mort temporelle de l'ultramontanisme enterré bien plus sûrement, à l'heure qu'il est, que **M.** de Cavour qui, lui, du moins, laisse debout son œuvre vivante, l'unité italienne ! L'ultramontanisme se débat dans les affres de l'agonie; on voit s'agiter autour de lui toutes sortes de fantômes, y compris le fantôme de la royauté de Naples ; ils errent autour de lui et lui donnent le cauchemar, le cauchemar de la coalition... L'ultramontanisme rêve d'un second Waterloo...

Waterloo!... répète M. Louis Veuillot avec une grosse voix qui voudrait imiter les grondements de la foudre... Waterloo ! souvenir fatal, épouvantail de sacristie qu'il promène avec un grand bruit de chaînes dans un but facile à soupçonner, celui de troubler la quiétude des puissants du jour.

Hélas ! ce fracas n'a qu'un tort, celui de manquer d'à-propos. L'infernal mannequin rate son effet en secouant dans l'air ses vieilles ferrailles, en agitant dans le vide son cliquetis sinistre.

Le temps des fantasmagories est passé.

II.

On peut empoisonner le bénitier, il n'est pas aussi facile de frelater l'Histoire.

L'Histoire n'est pas une boîte à surprises dont il sera loisible à chaque parti de faire un trompe-l'œil pour les besoins de sa cause, selon que cette cause gagnera ou perdra du terrain ; on n'avance pas, on ne recule pas ainsi à volonté les plans du passé. L'Histoire est une et inflexible ; et s'il est une page trop connue et trop définie, c'est celle du désastre de Waterloo et de ses funestes conséquences.

Sans aucun doute la fille aînée du catholicisme, la France, fut vaincue à Waterloo par les nations schismatiques, par les chefs du protestantisme. — D'accord ! — Mais le point essentiel, fatal, culminant, ce que l'Histoire dira :

C'est que le souverain temporel de Rome, c'est que le chef de la catholicité, c'est que le vicaire de Jésus-Christ, c'est que le pape, en un mot, était le grand prêtre de la ligue schismatique ; c'est qu'il était l'âme vivante et inspiratrice de cette monstruosité qu'on appelle la Sainte-Alliance ;

C'est que les prêtres du Concordat, ceux-là mêmes que la Restauration répudia plus tard, chantaient le *Te Deum* à Notre-Dame en l'honneur des vainqueurs de la France et en réjouissance de ce qu'elle succombait sur son calvaire.

Ce jour-là, — jour maudit ! — l'évêque de Rome livrait aux princes du protestantisme la France sanglante et mutilée, qui n'était à leurs yeux que le symbole de la Révolution garrottée et presque vaincue ; il la leur livrait comme Judas avait livré le Christ aux Princes des Prêtres en le baisant et en disant : « Celui que je baiserai, c'est celui-là ! Prenez-le !... »

Avant de faire comme Judas, l'évêque de Rome avait fait comme saint Pierre. Quand la Révolution grondait, c'est-à-dire quand le coq gaulois venait de chanter, à la grande terreur des monarchies, l'évêque de Rome reniait le courageux abbé Grégoire, qui, au fort de la tourmente, en pleine Convention, au péril de sa tête, confessait la foi catholique. Quelques années plus tard, l'évêque de Rome reniait encore Chateaubriand essayant de vivifier au souffle d'une magnifique poésie les croyances catholiques, à demi disparues sous les ruines qu'avait amoncelées la tempête révolutionnaire.

III.

C'est peu de temps après 1813, lorsque la suprématie temporelle du pape fut définitivement menacée, que se produisit le projet de la Sainte-Alliance, bien différente alors en théorie de l'application qu'on en fit trois ans plus tard.

L'idée première de la Sainte-Alliance fut inspirée à l'empereur Alexandre par la baronne de Krüdener, bas-bleu mystique et visionnaire qui avait pris sur son esprit un ascendant étrange. Née luthérienne, elle se disait catholique et prétendait avoir des révélations habituelles de la part de Dieu, ainsi que des relations fréquentes avec Jésus-Christ et la sainte Vierge. Au nombre de ces révélations, il faut placer l'avertissement qu'elle affirmait avoir reçu d'en haut, de préparer les chefs de la chrétienté à une ligue commune contre l'Antechrist, qui n'était autre que Napoléon. Madame de Krüdener se proclamait la révélatrice d'une religion nouvelle, l'unité *christicole* qui allait, selon elle, opérer la fusion du catholicisme romain avec le schisme grec et les sectes protestantes. Les souverains devaient s'allier dans le but de se servir des

armes de la Révolution pour les retourner contre elle-même. C'est, en effet, au nom des principes de liberté et de progrès que les peuples du Nord furent conviés à s'armer contre la France, berceau de l'impiété et de la Révolution. Madame de Krüdener était, en réalité, la Jeanne d'Arc de cette coalition. Elle n'eut pas de peine à y entraîner le roi de Prusse par la reine Louise, avec qui elle était intimement liée depuis long-temps. L'empereur d'Autriche se laissa facilement persuader par Alexandre, qui exerçait sur tous ceux qui l'approchaient le prestige du fanatisme. Quant au pape, on fut d'autant plus sûr de son adhésion qu'il ne pardonnait pas à Napoléon le dernier concordat. « Ils voulaient, disait plus tard Napoléon, me prendre l'âme pour ne me laisser que le cadavre. »

Dans l'espèce, la Coalition croyait bien disposer de l'âme de l'Europe, en attendant le jour où elle devait se partager les membres du corps.

Ce qu'il y a de certain, c'est que la jeune Allemagne prit au sérieux les principes au nom desquels l'insurgeait la Coalition ; réveillée au nom de la liberté, elle s'infiltra le poison révolutionnaire. Ce fut en s'enivrant du *Chant de l'épée*, de Kœrner, qu'elle se précipita sur le champ de bataille ; mais une fois rentrée dans ses universités, elle organisa ses fameuses *burschenschaft* sur le patron des *ventes* de carbonari italiens. Ainsi se vérifiait la prophétie de Danton : « Nous leur portons la guerre, ils nous rendront la liberté. »

On ne joue pas impunément un pareil jeu. Les chefs de la Sainte-Alliance s'en aperçurent un peu tard ; ils sentaient que la tunique de Nessus leur brûlait les os. C'est alors qu'ils modifièrent leur projet primitif et qu'ils changèrent de tactique. On convint de faire, au nom du droit divin et par les rois, ce que n'avait pu faire la Révolution au nom des droits de l'homme ; c'était tout simplement substituer la compression à l'expansion. L'influence de madame de Krüdener était encore assez grande (on aura peine à le croire) pour qu'en septembre 1815, un nouveau ministère fût créé sous ses auspices et remplaçât celui dont Talleyrand avait été le président.

Ce fut l'heure où le chef de l'Eglise romaine rentra de plain-pied, quoique secrètement, dans le domaine temporel, en qualité de grand-prêtre des *christicoles*. Le mot fut créé exprès pour la chose. L'alliance *christicole* était tellement monstrueuse, qu'elle eût fait reculer les pontifes du moyen âge. La chose, si noire qu'elle fût, passa grâce à cet euphémisme : CHRISTICOLE. Le mot n'avait d'autre but, on le sent bien, que de déguiser les répugnances de catholique romain à protestant, de catholique grec à ultramontain.

Dès que l'étoile de Napoléon pâlit, le pape passe du côté des vainqueurs ; pacte terrible dont la responsabilité pèse si lourdement aujourd'hui sur ses successeurs qu'il les écrase ! En s'associant à la ligue contre la France, le Père des fidèles oublie son obscure et noble origine ; il abdique sa mission de défenseur-né des pauvres et des opprimés. En devenant le complice des *partageux* de la Pologne, des oppresseurs de l'Italie et de l'Irlande, il devient grand-prêtre de la Force et renie la sublime folie du calvaire. Du moment qu'il se retire de la conscience des peuples, l'hérésie qu'il anathématise, c'est la liberté ; le dogme qu'il déchire, c'est le dogme éternel de la justice, pour prêcher à sa place l'éternité de l'oppression et la nécessité de s'y soumettre. L'Eglise fondée par douze pauvres pêcheurs est livrée par le pasteur à ses ennemis.

C'en est fait ! Le souverain pontife a réalisé l'idéal de Joseph de Maistre, l'alliance de l'absolutisme et du catholicisme, avec le bourreau pour pierre angulaire de la société théocratique.

Si l'Espagne fut si mal récompensée de son zèle, il faut en

accuser l'égoïsme des copartageants et non leurs préjugés religieux. Il s'agissait bien de religion alors qu'on était en train de s'arracher des lambeaux de nations ! Ce qu'on craignait avant tout de l'Espagne, c'était le fanatisme de ses conseillers, plus catholiques que le pape lui-même. Derrière eux on croyait voir passer les ombres de Philippe II et de saint Dominique, qu'on redoutait presque autant que le captif de l'île d'Elbe. Dans les grandes énormités, — et le partage de l'Europe était de celles-là, — ce qu'on appréhende le plus, ce sont les partis extrêmes qui, ne concourant pas directement au but, créent par là même de nouveaux embarras. Après Waterloo, après 1815, le rôle de l'Espagne était fini. L'Angleterre n'avait plus besoin de ses soldats et de ses paysans pour essayer de faire échec au maréchal Soult dans Toulouse. En reléguant l'Espagne au rang des puissances secondaires, on la payait justement de ce qu'elle avait aidé à faire contre la France, sa sœur catholique. C'était un sujet de remords de plus qu'on lui ôtait. Si Judas n'avait pas touché le prix du sang, il ne serait peut-être pas allé se pendre.

En résumé, quel rôle la politique de la Sainte-Alliance a-t-il créé, d'une part à l'Europe, de l'autre à la France ?...

Son effet le plus détestable fut de susciter un antagonisme qui dure encore, de faire de l'Europe la citadelle de la vieille politique, la tutrice des seuls principes conservateurs : en un mot, d'ériger les souverains du Nord en gardiens exclusifs du droit divin et de l'absolutisme quand, au siècle dernier, par exemple, les aînés de ces princes s'associaient, au contraire, aux progrès de l'esprit humain et au développement des nations.

Quant à la France, en l'isolant du reste de l'Europe, on lui créait une situation à part ; on la signalait comme un foyer perpétuel de démagogie et, en même temps, comme un danger pour le reste du monde ; seuls, les peuples en révolte pouvaient compter sur son assistance. Il n'y avait donc de sûreté véritable pour les gouvernements que dans une coalition permanente contre elle.

Le mauvais génie qui a combiné ce plan machiavélique souffle encore ses tristes inspirations de l'autre côté du Rhin ; c'est lui qui entretient la ligue des gallophobes et qui se charge de semer les terreurs dont vivent des milliers d'écrivains et de journaux.

Considérons ce qu'il est advenu de cette politique d'aventure, depuis un demi-siècle qu'elle a été inaugurée :

L'unité du royaume des Pays-Bas, fondée sur l'incompatibilité de deux peuples, l'un catholique et l'autre protestant, brisée sans retour ;

La sympathie de l'Angleterre acquise à des révolutions dont elle fut autrefois l'ennemie déclarée; son alliance avec la France après des haines séculaires ; alliance aléatoire, il est vrai, mais dont il ne faut pas moins tenir compte depuis plusieurs années;

L'Espagne nous sachant gré d'avoir réclamé tout récemment pour elle le rang de premier ordre au chapitre des nations, quand la Sainte-Alliance la reléguait au second au moment même où elle se montrait des plus acharnées dans la coalition contre la France ;

La maison de Savoie s'unissant à notre politique après quarante années d'hostilité ;

La Russie, divisée d'intérêts avec l'Autriche et avec la Prusse, et répugnant désormais à une intervention qui lui serait fatale ;

L'Autriche à demi ruinée, dépossédée de l'Italie, menacée dans la Vénétie, déconsidérée sans retour et entraînant dans sa déconsidération la cour de Rome, assez aveugle pour appuyer sa tyrannie au lieu de prendre la tête du mouvement italien ;

Le pouvoir temporel du pape moralement perdu et ne subsistant que par les baïonnettes françaises ; Rome elle-même ne demandant qu'à se donner, comme Venise, à l'Italie, dont elle est destinée à devenir la capitale ;

Enfin, pour achever le tableau, le royaume des Deux-Siciles emporté par un souffle de révolution, et son jeune roi, absolu jusque dans sa défaite, venant se réfugier au Vatican afin de ne pas mourir seul.

IV.

Sans doute le plénipotentiaire de la France au congrès de Vienne, le ministre du roi très-chrétien, était un évêque apostat. Mais quelle énormité ne devenait pas admissible du moment que l'Eglise romaine, par le fait même de son entrée dans la Sainte-Alliance, épousait l'hérésie et consommait, il faut bien le dire, un inceste religieux ?...

Après tout, il n'y avait qu'un prêtre athée comme M. de Talleyrand, ce type du scepticisme élégant, pour venir parler au congrès, au nom du *droit divin*, avec une aisance qui confondit les complices du partage européen. Cette audace même lui fit trouver grâce devant les légats du saint-siége, qui consacrèrent par leur présence un véritable attentat à la sûreté des nations. On pardonna tout à qui osait affirmer le droit divin à l'encontre du droit des peuples.

Au congrès de Vienne comme à celui de Vérone, les légats du saint-siége ne cherchent à sauver ou à protéger aucun peuple. Ils ne trouvent pas une parole en faveur de la Pologne, sur laquelle M. de Montalembert a tant pleuré depuis et

pour laquelle M. Veuillot se sent plein d'entrailles, aujour-
d'hui qu'il s'agit de donner un coup de patte à la note du
Moniteur.

Pas un mot ! pas un souffle ! Les légats n'ont qu'un souci,
celui de conserver les possessions temporelles du saint-siége.
Les représentants de Rome oublient la Pologne, l'Irlande, la
Grèce, la Bohême, la Hongrie; ils ne songent qu'à l'Italie, pour
en réclamer ce petit coin de terre qu'on appelle la Romagne.
La France catholique est sommée, pieds et poings liés, de livrer
la Romagne (1).

L'Espagne *aussi* figurait au congrès de Vienne ; ajoutons
qu'elle figura en première ligne dans la formation de la Sainte-
Alliance. N'avait-elle pas tressailli de joie la première, à la
nouvelle de nos désastres ?... N'avait-elle pas été conduite
contre nous par ses prêtres, à Occana, à Valladolid, à Vittoria,
à Baylen, à Burgos?... La patrie de l'inquisition ne pouvait
manquer de s'associer à l'œuvre des ténèbres par excellence.

V.

On prétend que ce terrible jour de Waterloo a été consi-
déré sous tous les points de vue politique, excepté sous le point
de vue religieux.

Le point de vue religieux se pose historiquement de lui-
même.

Du moment que les souverains divers, catholiques romains,
catholiques grecs, schismatiques, protestants, représentants
du saint-siége, et jusqu'au souverain pontife lui-même, se
concertèrent, à titre de *christicoles*, pour se partager l'Europe,

(1) *Les Quatre Concordats*, par M. de Pradt, archevêque de Malines.

comme avait été tirée au sort la robe du Christ après sa mort, il n'y eut plus ni catholiques, ni protestants, ni orthodoxes, ni hérétiques. Cette solennelle violation du droit universel par les chefs des nations, de complicité avec l'infaillibilité papale, troubla profondément et sans retour la conscience des peuples et des individus. La philosophie du dix-huitième siècle avait attaqué la foi au nom du libre examen ; la révolution française avait substitué les droits de l'homme aux prétentions théocratiques ; mais elles n'avaient pas, comme la Sainte-Alliance, altéré l'essence même de la conscience humaine par un monstrueux amalgame de tous les principes religieux. La Sainte-Alliance ouvrait la porte à l'indifférence. Quelques années plus tard, l'abbé de Lamennais écrivait un livre éloquent contre *l'Indifférence en matière de religion*.

Des catholiques ! des protestants ! il n'en existe plus aux yeux de la révolution depuis le baiser-Lamourette donné par le pape à la Sainte-Alliance.

Des catholiques ! des protestants ! il n'en existe plus aux yeux de la révolution depuis qu'elle a vu M. Thiers et M. de Montalembert, M. Coquerel et M. de Falloux se confondre dans un même embrassement à la veille de l'expédition de Rome ; depuis que mystiques et rationalistes, royalistes et libéraux, doctrinaires et jésuites, se sont confondus pêle-mêle dans une croisade impie, dans l'expédition de Rome à l'intérieur contre la république, contre le suffrage universel, contre la liberté ; nouvelle sainte-alliance, scandaleuse coalition dont les habiles meneurs ne surent même pas prévoir les résultats. En attachant la corde au cou de la victime, M. Thiers, mû par on ne sait quel pressentiment, ne put s'empêcher de dire avec un certain ricanement : « La république est encore ce qui nous divise le moins ! »

M. Guizot avait écrit sous Louis-Philippe : « Le catholicisme est la plus grande et la plus sainte école de respect qui soit au monde. »

M. de Montalembert disait plus tard : « Dût le protestantisme profiter de l'affranchissement du catholicisme pour s'étendre et se propager, ce n'est pas moi qui m'en plaindrai. »

— Entendez-vous, maître Veuillot?

Sophistes et doctrinaires, de tous les côtés! — De la tragédie tombons à la comédie.

Les biographes de Voltaire racontent qu'il avait recueilli un brave jésuite; le père Adam, échappé aux bûchers de l'inquisition portugaise. Un jour, le patriarche de Ferney se donna le plaisir de faire embrasser le père Adam par un juif. Il se félicitait de s'être donné à lui-même une leçon de tolérance ; un jésuite embrassant un juif! quel charmant spectacle !

Moins éloquent spectacle pourtant que celui de la réception de M. de Montalembert à l'Académie française par M. Guizot, quand M. Guizot lui dit : « J'ai toujours eu l'instinct d'une secrète sympathie qui unissait au fond, du moins *dans leur but intime et dernier,* nos vœux et nos efforts. »

C'est dans le même but intime et dernier que M. Guizot a reçu dernièrement avec la même affabilité, dans la docte assemblée, le frère dominicain Lacordaire.

Là est le secret de toutes les coalitions politiques, religieuses ou littéraires ; là est le secret de la Sainte-Alliance.

La Sainte-Alliance nous enseigne que mystique et rationaliste, doctrinaire et jésuite, voltairien et dominicain, c'est exactement même chose.

Donc, il n'existe plus ni catholiques ni protestants depuis Waterloo; il n'y a plus que des *christicoles* et des contre-révolutionnaires !...

VI.

L'idée fixe de M. Louis Veuillot, son cheval de bataille, la proposition suprême dont il fait dérouler comme les grains d'un chapelet son argumentation, c'est que tout le mal, la Révolution, nous vient du protestantisme, c'est-à-dire de l'Angleterre, dans laquelle il la personnifie plus particulièrement.

Pour nous prouver que le mal est sans remède, que la catastrophe est imminente, il est nécessaire qu'il fasse la part de l'Angleterre magnifique, incomparable, et qu'il place la France à sa remorque, sans pourtant oublier de dire que l'Angleterre est un repaire de régicides et d'assassins. On devine que, sous ces artifices d'écrivain, la fantasmagorie qu'il a montée à grand renfort de sophismes et d'erreurs historiques, s'écroulerait comme un château de cartes.

Décidément la prépondérance anglaise est le loup-garou avec lequel on cherche à dérouter la politique napoléonienne. Cette fantaisie est quelque peu usée ; elle a été beaucoup trop jouée, au Sénat, par les de Boissy et, au Corps législatif, par les néo-catholiques de l'Alsace. (ô Keller ! ! !..) Qui ne se souvient du doux Kolb-Bernard demandant à l'Esprit-Saint le don des langues et revenant de la messe avec une rage d'anglophobie ?...

N'oublions pas que les plus grandes flatteries furent prodiguées par l'Angleterre au pape, âme et chef de la Sainte-Alliance. Elle ne se souvint plus qu'elle était protestante quand il s'agit, à la bataille de Toulouse, de hâter la défaite de nos armées. Si l'Angleterre offrait alors, comme vous le rappelez, ses soldats et son argent aux paysans espagnols, c'est qu'elle savait qu'en s'adressant au fanatisme catholique elle n'était que plus assurée du triomphe de la coalition.

L'Angleterre, bien qu'antipapiste dans l'ordre de l'abstraction théologique, est on ne peut plus papiste dans l'ordre des faits politiques. Ses hommes d'État savent à fond, par expérience, que les divisions du continent ne peuvent que profiter à la Grande-Bretagne. De tout temps, ç'a été sur la cour de Rome, sur les papes et sur les cardinaux, que ces hommes d'État ont le plus compté pour souffler le feu en Europe et pour fomenter les divisions de peuple à peuple, de gouvernement à gouvernement. Convenez franchement qu'ils n'ont pas eu tort.

Aujourd'hui même l'Angleterre, *italianissime* en paroles, par la voix de ses assemblées et de ses journaux, se réjouit de voir le *jeune* et *pur* François II (comme vous l'appelez) fabriquer clandestinement des discordes civiles à l'ombre du Vatican et contrecarrer, autant qu'il est en lui, l'unité de cette Italie, que vous prétendez n'être constituée que sur le papier.

Voilà ce que Dieu permet et la France aussi!... La France qui a la magnanimité de protéger sous son drapeau les grands conspirateurs, ceux qui portent la couronne et la pourpre ; et, pendant qu'elle leur fait cette charité, vous lui reprochez de s'entendre avec des misérables qui n'ont pour se couvrir que leur héroïsme, leurs chemises rouges, et dont le chef s'appelle Garibaldi !

Tenez ! avouez avec moi que vos cardinaux sont d'habiles gens ! N'est-ce pas au sacré collége qu'on doit la mirifique idée de donner pour successeur, en cas de mort, à Pie IX le cardinal Wiseman ?... Quel coup de génie ! Comme ce ballon d'essai a dû terrifier les impérialistes, à qui la pensée seule de la prépondérance anglaise suffit pour donner la chair de poule!...

Le cardinal Wiseman dirigeant de Londres les affaires de la catholicité!... Voyez-vous d'ici le révérend Wiseman envoyant par-dessus la tête de John Bull ses bénédictions, ses grâces et ses indulgences aux fidèles du continent, mis en quarantaine? *Proh pudor!* Le cardinal Wiseman, ce modèle achevé de tolérance, ce puits de discrétion et de convenance, au dire des dominateurs de l'Irlande. Je crois qu'au besoin il aurait excommunié le grand agitateur. Les boutades d'O'Connell lui donnaient le frisson. En vérité, c'est un pape comme il faut pour le maintien de l'ordre européen. Aussi le sacré collège le tient-il en réserve comme une vengeance future à laquelle Dieu, les peuples et les gouvernements seront, bon gré mal gré, tôt ou tard forcés de souscrire un jour.

Les journaux soi-disant religieux ou libéraux ont servi pendant quinze jours, dans leurs colonnes, ce canard fantastique, à la stupéfaction grande de bien des gens.

Le cardinal Wiseman sacré pontife et donnant l'accolade à la papesse de l'anglicanisme, autre sainte-alliance! — Le saint-siége transporté sur les bords de la Tamise, derrière la tour de Londres! *Bone Deus!* y pensez-vous?...

Voilà qui serait plus curieux que l'escabeau de M. de Cavour déménagé de Turin et devenant, sous la plume féerique de M. Louis Veuillot, le trône de Victor-Emmanuel!...

VII.

Celui que monseigneur d'Annecy appelle si agréablement le *cosaque du catholicisme*, « parce qu'il en porte la rude lance,» s'abandonne à un mouvement quelque peu lyrique, à propos des derniers massacres de la Pologne; ce lyrisme ne laisse pas que de jurer un peu avec ses élans de tendresse pour l'Autriche. Au fond, on sent qu'il éprouve plus de sympathie pour les bourreaux que pour les victimes; c'est avec amour, presque les larmes aux yeux, qu'il parle de la force et de la fidélité de l'armée autrichienne, de cette armée « *qui glace encore d'effroi la valeur garibaldienne.....* » Encore un peu, l'intrépide Garibaldi et ses braves volontaires ne seront plus que des pleutres.

En attendant, on constate avec douleur que l'Autriche est bien malade. En France aussi, l'aspect est bien changé ! Au lendemain de la campagne de Rome, quel enivrement ! quel triomphe ! quelle prospérité ! tandis qu'aujourd'hui, pour n'être pas allée au secours de la dynastie Bomba, pour n'avoir pas tourné ses armes contre Victor-Emmanuel, la France est à la veille des plus grands cataclysmes. On va même jusqu'à lui reprocher de n'avoir pas délivré le Liban !

Telle est la justice de la presse religieuse, de cette presse qui, au moment où l'on envoyait un corps d'armée français en Syrie, gardait le silence, imitant la réserve non moins éloquente de son guide infaillible, le chef de l'Église romaine, ce protecteur des peuples. Le sang qui a coulé là-bas est-il donc moins précieux que celui répandu à Varsovie par les baïonnettes russes ?

Le long martyre de la Pologne a été, en diverses circonstances, pour l'Église romaine un sujet de tirades plus ou moins sonores, de déclamations à effet plus ou moins dramatique ; mais on n'est jamais allé au delà des phrases. Cette Église ne lui pardonne pas d'avoir toujours refusé d'entrer dans la ligue ultramontaine ; elle ne lui pardonne pas davantage d'avoir versé son sang pour la cause de l'indépendance italienne. N'oublions pas que c'est de Milan, sous la république cisalpine, qu'est parti le cri des premières légions polonaises se levant au nom de la fraternité des peuples ; leur héroïsme étonna le monde. On vit ces légions immortelles ressusciter, en 1848, dans la haute Italie. C'est alors que les don Quichotte du Vatican, reprochant à cette grande victime de s'être laissé séduire par les promesses de la politique révolutionnaire, lui disent : « Recouche-toi, Pologne ! »

Voulez-vous savoir ce que la cour de Rome a fait pour la Pologne? Vous allez être édifié.

En 1831, le comte Ladislas Ostrowski écrivait au pape Grégoire XVI pour lui peindre les persécutions inouïes que l'Église catholique de Pologne avait à endurer de la tyrannie moscovite; cette lettre réclamait une prompte et énergique intervention dans laquelle, du reste, le saint-père eût été appuyé par les principaux cabinets.

En vain le maréchal de la diète polonaise supplia-t-il le père commun des fidèles d'apprécier la justice et l'urgence de ses motifs, de bénir l'épée tirée pour la liberté et la foi de Jésus-Christ dont il est le vicaire. Le cardinal Bernetti répondit, en son nom, une lettre insignifiante dans laquelle il conseillait la patience et la résignation. En vain la Pologne agitait-elle son linceul sanglant, on lui disait encore : « Recouche - toi, Pologne ! »

Un peu plus tard le cabinet de Saint-Pétersbourg présentait au saint-siége une note dans laquelle la répression de la Pologne était présentée comme un immense service rendu à toutes les puissances « sur lesquelles reposent les garanties de la conservation de l'ordre social. » C'est alors que Grégoire XVI lança son fameux *Bref aux évêques de Pologne.* Ce bref condamnait « les malheureux qui, sous le prétexte de l'intérêt de « la religion, se sont élevés contre la puissance des *souverains* « *légitimes* et ont précipité dans un abîme de maux leur pa-« trie, *en brisant tous les liens de la soumission légale*..... « Que tout homme, dit l'Apôtre, soit soumis à la puissance « établie, CAR IL N'EST POINT DE PUISSANCE QUI NE VIENNE DE « DIEU. *Or les puissances existantes sont constituées par* « *Dieu.* AINSI, QUICONQUE LEUR RÉSISTE, RÉSISTE A DIEU. »

Que dut penser l'Eglise de Pologne de cette théorie de la force, émise par le père commun des fidèles au moment où

elle l'invoquait au nom du droit?... Les persécutions continuè-
rent, et le jour où le persécuteur rendit visite au saint-père,
Rome fut illuminée.

La domination de l'Autriche catholique fut-elle moins pe-
sante que celle de la Russie schismatique ?... L'Autriche catholique n'a-t-elle pas pris sa part de la Pologne? Depuis, elle
a organisé les massacres de Gallicie, elle a confisqué la ville
libre de Cracovie... Le pape l'a-t-il excommuniée?... Il excom-
munia Napoléon Ier pour avoir supprimé son autorité temporelle.

En 1847, surgit tout à coup un homme qui donna le premier branle aux esprits ; tous les cœurs généreux éprouvèrent
un mouvement d'espérance : Pie IX venait d'être proclamé
pontife !... « Je crus pour le moment, » écrit le général polonais Henri Dembinski, « voir le messie de la régénération.
C'est alors que je fis venir de Strasbourg, où il était en dépôt,
mon ouvrage sur l'insurrection polonaise de 1831 ; je m'ap-
prêtais à le lui dédier, quand le hasard me fit connaître un
ecclésiastique français, homme de haute science, distin-
gué par l'esprit et par les sentiments. Cet homme me dis-
suada en me disant : « Le saint-père n'est point votre homme,
« général. Pie IX reçoit l'impulsion, mais il ne la donne pas.
« J'ai été à Rome uniquement pour le juger, et j'y ai passé
« plusieurs mois ; j'ai eu l'honneur de lui parler à plusieurs
« reprises ; c'est donc avec une pleine connaissance de cause
« que je répète : Pie IX n'est point l'homme que vous souhai-
« tez. »

Pie IX n'a-t-il pas répété aux Italiens, soulevés contre le
joug de l'Autriche, ce que Grégoire XVI avait dit à la Pologne insurgée?... N'a-t-il pas excommunié les souverains qui
ont prêté l'assistance de leur épée à Victor-Emmanuel?...

N'est-ce pas le cas de s'écrier avec un célèbre écrivain polonais : « Qu'y a-t-il de commun entre les dignitaires de

« l'Eglise et les nations? Qui de vous connaît les noms
« des cardinaux ?... Ils sont pourtant princes de l'Eglise
« universelle, protecteurs des nations ! Les titres des maré-
« chaux de France du temps de l'Empire résument toute l'his-
« toire militaire de l'époque ; les titres de princes de l'Eglise
« devraient résumer leurs combats, nous rappeler leurs travaux
« et leurs victoires spirituelles. Ils portent la pourpre, qui, dans
« le langage de l'Eglise, signifie le martyre. Hé ! qui, dans ces
« derniers temps, a jamais entendu parler du martyre d'un
« cardinal ? Cependant, les occasions de souffrir pour l'Eglise
« ne manquent pas. »

A défaut de Rome, quelle a été, en France, la conduite des
champions du parti catholique, qui font résonner si haut le
nom de la Pologne?

M. de Montalembert, son chevalier platonique, n'est jamais
sorti des bornes de l'empirisme parlementaire. Quand il
dénonçait, du haut de la tribune, l'occupation de Cracovie
par les Autrichiens, M. Guizot lui demanda s'il proposait au
gouvernement de vouer les forces de la France à l'œuvre du ré-
tablissement de la Pologne, démontrant ainsi que les discours
du représentant catholique n'étaient que de la déclama-
tion, puisqu'on ne pouvait rien pour la Pologne sans la guerre,
et qu'il n'en voulait pas. — Même quiétisme à l'Assemblée na-
tionale, lorsque la discussion fut ouverte sur la question polonaise. M. de Montalembert, qui s'était fait inscrire pour prendre la parole, garda le silence après mûre réflexion. Deux
jours auparavant (21 mai 1848), à la fête de la Concorde,
avaient retenti des cris de : « Vive l'Irlande ! » Un comité na-
tional irlandais se forma spontanément ; mais le représentant
catholique ne répondit pas davantage à l'appel de ce comité.
Du reste, il ne professe pas moins de respect pour le gouvernement autrichien que son collègue M. Veuillot. Après s'être

plaint à la Chambre des pairs des massacres de 'Gallicie, il s'em-
pressait d'ajouter : « Je ne suis animé d'aucune hostilité sys-
tématique contre le gouvernement autrichien, je le crois même
paternel et bienfaisant vis-à-vis de la plupart des peuples qui
lui sont soumis. »

Le gouvernement autrichien paternel et bienfaisant ! L'ora-
teur catholique trouvait moyen de concilier ces paroles avec
cette opinion qu'il écrivait, en 1833, dans sa préface aux *Pè-*
lerins polonais d'Adam Mickiewicz : « Voyez l'Autriche, où
règne la même logique infernale qu'en Russie... l'Autriche,
cette *grande prêtresse de l'oppression*, occupée à contenir la
Hongrie avec des baïonnettes italiennes et l'Italie avec des
baïonnettes hongroises ; l'Autriche, qui a ouvert dans son sein
ces affreuses prisons où languit toute une population de martyrs. » Il est vrai qu'après avoir traduit le livre des *Pèlerins*
polonais, M. de Montalembert s'est empressé de retirer cette
traduction de la circulation. Rome, pas plus que M. Veuillot,
ne pardonnait cette condamnation du système autrichien à
ce fils des croisés, qui chanta et flétrit tour à tour Radetzki à
quelques mois de distance.

Telle est la logique des champions de l'Eglise, à qui l'on pourrait adresser le reproche d'apostasie, si l'apostasie ne suppo-
sait une croyance. Partout, en politique, ils ont fait preuve du
pyrrhonisme le plus cynique en sacrifiant les intérêts des peuples catholiques au bon plaisir des oppresseurs, surtout quand
ces oppresseurs étaient hérétiques.

N'ont-ils pas enseigné aux opprimés *que toute puissance*
devait être acceptée comme venant de Dieu?.. Il fait beau
après cela voir ces sycophantes se plaindre, avec M. Veuillot,
qu'il n'est point de grand État hérétique qui ne tienne sous le
joug un peuple ou un tronçon de peuple catholique !... Qui
donc a aidé à river leurs fers, si ce n'est ceux qui, après les

avoir livrés, ont répondu à leurs cris de souffrance par des conseils de lâche résignation.

O Pologne ! non, le Vatican n'est pas trop loin pour entendre tes plaintes désespérées ; mais le cœur de ceux qui y règnent ne sent plus battre le cœur des peuples à l'unisson du sien. Les apôtres, qui ne paraissent jamais en public que chargés d'or et de pierreries, vêtus de soie, montés sur une haquenée blanche, entourés de soldats et suivis d'un bruyant cortége (1), ont perdu le sens de la morale du grand Crucifié, qui marchait pieds nus à la délivrance du genre humain. Ne crois désormais ni aux déclamations creuses des prétendus fils des croisés, ni aux larmes stériles des pleureurs de royautés déchues. Recouche-toi, Pologne !

VIII.

Nous voici arrivé aux grosses rancunes. Il va sans dire qu'il s'agit de l'unité italienne, qui donne le vertige à M. Veuillot. « Cela est fait... sur le papier, » dit-il, « mais le papier souffre des ratures ! » En attendant l'Italie *n'est qu'un fait décrété*, et il lui en coûtera cher, on le lui prédit, pour avoir osé s'affranchir !...

Dans les torts vrais ou imaginaires qu'on impute au Piémont, on lui reproche d'avoir deux milliards de dette de plus. Gens de peu de foi ! deux milliards, qu'est-ce que cela dans la balance en comparaison de l'indépendance d'un peuple ?... Paris, au dire de Henri IV, valait bien une messe ! Croyez-vous que le renversement du joug de l'Autriche et du Bourbon de Naples ne puisse pas s'acheter au prix de deux milliards,

(1) *Hist. de saint Bernard,* par M. de Ratisbonne, t. II, p. 72. Ed. de Paris, 1840,

quand leur tyrannie a déjà coûté de longues années de martyre, de larmes et de sang répandu ?... Vous dites que le Piémont a deux provinces de moins ; mais il a l'Italie en plus, en attendant Rome et la Vénétie.

La Fayette disait que l'insurrection était pour les peuples le plus saint des devoirs. M. Louis Veuillot, qui est le La Fayette de la croisade ultramontaine, proclame que l'intervention armée en faveur du pape est le plus saint usage qu'un peuple puisse faire de la liberté. Eh quoi, gouvernement belge, votre peuple a payé comptant le denier de saint Pierre, mais il a omis de nous solder l'impôt du sang, il a gardé la neutralité !... Anathème à vous ! on se contente d'observer que les prospérités de votre pays ne sont point sans mélange, et on ne se charge pas de garantir vos destinées dans l'avenir... Gare au second Waterloo !...

Quant à vous, gouvernement piémontais, déjà vous vous êtes laissé subjuguer par la révolution ; vous avez protesté contre l'initiative espagnole, qui voulait ressusciter en faveur du pape son invincible Armanda, et vous avez invoqué le principe de non-intervention... Anathème et sacrilège !... Le châtiment ne se fera pas attendre... Gare au second Waterloo !...

Sinistre présage ! Déjà ce Piémont, que l'on prend pour un ami et pour un renfort, rappelle à M. Veuillot l'arrivée des Prussiens sur le champ de bataille de Waterloo, la droite de l'armée catholique dégarnie, et la bataille perdue.

IX.

Quel riant aspect que celui de la France après l'expédition de Rome ! Les bénédictions de Dieu pleuvaient sur elle, au dire de M. Veuillot dans un tableau digne de Berquin ou du vertueux Bouilly. La France était alors un véritable Eden politique. Vous souvient-il aussi des vives acclamations de l'épiscopat convoqué et présent au baptême du Prince Impérial?... M. Veuillot s'en lèche encore les lèvres et ne s'en cache pas, car il y a toujours du bon courtisan au fond de cette nature, qui ne respire qu'anathèmes et vengeance pour la plus grande gloire du Très-Haut.

Malheureusement messieurs de l'épiscopat croyaient avoir acheté le droit de tout dire, même celui d'imprimer leurs opinions politiques sans se soumettre au timbre ainsi que le commun des martyrs. Dès lors tout est changé, l'horizon se charge des couleurs les plus sombres. Le docteur Pangloss devient féroce ; il renie les doctrines de l'optimisme, jette par la fenêtre les dragées du baptême et passé avec armes et bagages dans les rangs de l'école du désespoir. « Jamais, » affirme le ci-devant Pangloss, «jamais, depuis un demi-siècle, la liberté d'écrire ne fut aussi restreinte... »

Ici je vous arrête, cher Pangloss. Ne vous souvient-il plus que la liberté de conscience est une maxime absurde et erronée, et que la liberté de la presse est une liberté funeste dont on ne peut avoir trop d'horreur?... Relisez plutôt la lettre encyclique du souverain pontife Grégoire XVI en date du 15 août 1832... car c'est lui qui a dit cela.

Presque toujours nous ne sentons le prix des choses que quand nous en sommes privés, et jamais la liberté de la presse, j'en suis sûr, n'a tant valu à vos yeux que le jour où on vous l'a enlevée. Si, au contraire, on vous accorde cette liberté à l'exclusion de vos adversaires, vous vous en servez pour les dénoncer. A preuve le *Siècle*, à preuve la *Presse*, sur lesquels vous ne cessiez, dans l'*Univers*, d'appeler les rigueurs du pouvoir. *Hodie mihi, cras tibi.* Un jour, l'*Univers* fut supprimé, et, le lendemain, on lui permit de reparaître sous le titre de

Monde. Monde ou Univers, n'est-ce pas même chose?... Le journal de Proudhon, le *Peuple,* n'a jamais eu une pareille chance. On n'a jamais poursuivi vos livres comme on a poursuivi les écrits de Proudhon. Rappelez-vous la sévère condamnation de son ouvrage intitulé : *La Justice dans la Révolution et dans l'Église.* La liberté de la presse ! pourquoi en parler ? Franchement vous avez perdu le droit de la réclamer en déniant ce droit aux autres.

Vous vous plaignez de ce qu'on réimprime Voltaire ; ce n'était vraiment pas la peine, car ce ne sont pas les éditions qui manquent. Il n'en est pas de même des *OEuvres dé Diderot.* Demandez aux éditeurs si on leur permet de les réimprimer ; et c'est vraiment dommage, car il existe peu d'éditions de Diderot en librairie ; et puis Diderot est un délicieux auteur ; vous devez particulièrement l'apprécier, vous qui avez imité jusqu'aux procédés de son style autant à peu près que ceux du patriarche de Ferney.

Les écrivains qui ont traité de *vermine* les petites sœurs des pauvres et autres ont manqué aux lois de la convenance et l'on a toujours tort quand on manque de convenance. Mais remarquez qu'au moment même où vous leur adressez ce reproche, vous ne prêchez pas d'exemple : vous les traitez insolemment de *valets de presse.*

Vermine ! le terme est bien bas et bien laid... Prenez garde au moins que ces journalistes ne l'aient rencontré dans le cahier d'expressions de l'*Univers religieux.* Vous-même, n'avez-vous pas traité Béranger de *vieille baudruche ?...* Vieille baudruche! Entre nous, il n'y a guère que ceux qui se servent de pareils mots qui peuvent en apprécier au juste la valeur.

Entre poëtes il est fort mal de se traiter ainsi, cher monsieur Veuillot ; car vous êtes poëte aussi. J'ai même lu, dans votre volume intitulé : *Çà et là,* une pièce de vers qui, dans le sentiment et dans la forme, m'a parfaitement rappelé la chanson de *la Vieille Maîtresse*, composée par la vieille *baudruche* en question.

Il n'est pas défendu d'imiter ; mais encore ne faudrait-il pas maltraiter ceux qu'on imite... ce serait les faire mourir trois fois !...

X.

Ce n'est pas, à ce qu'il paraît, un mince plaisir pour les écrivains religieux que d'emboucher la trompette des anges du jugement dernier, ou d'essayer le porte-voix de Jonas, car ils ne s'en font pas faute. Le petit malheur est que l'*ut* de poitrine leur manque au moment le plus solennel. Les ouailles, toujours soumises à ce qu'on réclame d'elles, ont beau par complaisance retirer le coton de leurs oreilles, on n'entend que la voix fêlée de Cassandre ou la haute-contre chevrotante des eunuques du sérail.

M. Louis Veuillot surtout aime à se draper en initié du Très-Haut. A voir avec quel sans-façon il daigne expliquer comment, sur la surface du globe, Dieu a formé des demeures pour les peuples et circonscrit des apanages pour les diverses branches de la postérité d'Adam, on se demande s'il n'est pas admis dans les conseils les plus secrets de la Providence. Seulement, dans ce petit cours d'ethnographie politique et de géographie théosophique, il semble oublier une des légendes les plus importantes de la Bible, celle qui nous raconte comment Dieu introduisit parmi les premiers habitants de la terre la confusion des langues, pour punir ces orgueilleux d'avoir tenté d'élever jusqu'aux cieux la tour de Babel. — Après cela, quand il s'agit de bâtir un système pour la confusion des impies, on n'y regarde pas de si près.

M. Veuillot affectionne, du reste, les formules prophétiques.

S'il veut effrayer le Piémont : « *Dieu n'a pas dit son dernier mot ; mais il n'a pas laissé de parler d'une voix menaçante.* »

S'il s'agit de l'histoire, il prend le ton de l'oracle : « L'histoire contemporaine n'est jamais bien connue des contemporains, et, parmi les ressorts que la Providence emploie, *il en est qui ne seront jamais visibles aux yeux des mortels...* » (Eh quoi ! Vraiment ?)

Plus loin : « Dieu sait pourquoi il punit, comment il sauvera. » — C'est bien heureux que M. Veuillot veuille nous l'assurer; nous le croyons sur parole.

M. Veuillot, qui parle en connaissance de cause des ressorts de la Providence, avoue humblement qu'il existe des mystères trop au-dessus de nos regards pour les pénétrer. Les célèbres entrevues de Stuttgart, de Bade et de Varsovie, par exemple, sont de cet ordre. Pour un homme habitué à interpréter les secrets divins, voilà qui est par trop modeste ?

Patience ! il se dédommage de ce qu'on ne l'a pas admis dans les coulisses de la diplomatie, en déchirant à demi le rideau qui nous cache l'avenir ; il nous prédit un *second Waterloo.* Une défaite nouvelle, que leur ménage l'habileté protestante, viendra punir le patriotisme *ravalé* et *imprévoyant* de ses contemporains.

Que ne profite-t-il de l'occasion pour dire à ses contemporains, lui qui a écrit des phrases si émues sur le sort de la Pologne, ce qu'il pense de ce qui se passe en ce moment sur le nouveau continent?...

De quel parti êtes-vous, de celui de l'esclavage ou de celui de la liberté ?.. Quel Dieu adorez-vous ?.. Le dieu des planteurs ou le Dieu de Georges Brown ?.. De quel côté se tourne votre sympathie ou seulement votre horoscope, dans le conflit qui s'élève entre le sud et le nord de l'Amérique?... Il est vrai que, vous trouvant en Europe, vous n'avez pas voulu sortir de votre sujet.

Du reste, il faut avouer que M. Veuillot n'est pas toujours heureux quand il tire la bonne aventure. Il sait trop, beaucoup trop, ce qu'il en coûte de se faire le truchement des décrets providentiels touchant l'avenir et de ses colères touchant les maîtres du monde.

Vous souvient-il, cher monsieur Veuillot, de ce jour marqué de noir où un journaliste religieux de votre connaissance, cédant à une mauvaise tentation, eut le triste courage d'insulter à un malheur de famille ! « Dieu, » s'écriait cet énergumène avec un ton d'inquisiteur, « Dieu se plaît à frapper dans leur compagne ceux qui ne suivent pas ses voies ! »

On raconte qu'à quelques jours de là ce même journaliste religieux, trop édifié cette fois sur le principe de la solidarité humaine, voyait mourir à son tour sa femme et plusieurs de ses enfants. Mais on ne dit pas que son orgueil ait été vaincu par le désespoir, ou qu'il se soit humilié sous le doigt de Dieu.

Au contraire, son orgueil se redresse plus que jamais contre cette fatalité qui frappe les mauvaises causes. La France est, de par lui, menacée d'un second Waterloo. Le premier n'était qu'une catastrophe, le second sera un cataclysme.

Maître Veuillot daigne nous épargner le tableau de cette destruction ; jusque-là ceux qui ont fermé l'oreille entendront le tonnerre. Le cosaque de l'ultramontanisme pourrait nous en dire davantage, s'il le voulait; mais on conçoit qu'il garde le secret sur le projet de restaurations avortées d'avance. Il ne serait pas politique d'avouer que le centre de ces petites combinaisons est à Rome, avec François II.

Eh bien ! filles d'enfer, vos mains sont-elles prêtes ?...
Pour qui sont ces serpents qui sifflent sur vos têtes ?...

Le dernier mot est un mot de vengeance ; la France est déclarée en *vendetta* par les ultramontains... Leur Dieu n'est-il pas le Dieu jaloux et vengeur par excellence !

Rien n'empêche le même journaliste de mettre au compte des punitions célestes la mort du comte de Cavour (1).

« Hélas ! ce qui fait l'angoisse de nos cœurs, à nous fils catholiques de la France, *ce n'est pas la crainte que Dieu ne soit pas vengé.* »

Par saint Ignace de Loyola, voici une angoisse et une crainte qui ressemblent fort à un désir, à une espérance, à un souhait !

Soit ! la France attend de pied ferme le second Waterloo ; mais ce dont elle ne veut pas, et ce qu'elle repoussera avec une énergie égale à ses aspirations, c'est ce qu'Alphonse Karr a appelé d'une façon si pittoresque : La Terreur *avec une croix dans le dos.*

(1) Voir *La vie et la mort du comte de Cavour,* par Antonio Watripon. — Gustave Havard, éditeur.

www.ingramcontent.com/pod-product-compliance
Lightning Source LLC
LaVergne TN
LVHW012104030726
842523LV00002B/706